Relicário

batendo pasto

Maria Lúcia Alvim

2ª edição

Sumário

Nota da editora à 2ª edição

Batendo pasto teve sua primeira edição publicada em julho de 2020. Naquele período, todos os esforços se voltaram para que a poeta Maria Lúcia Alvim pudesse ver seu livro publicado, pois, em idade avançada, completaria 88 anos em 4 de outubro do mesmo ano. Os textos que acompanham a edição, portanto, evocam com alegria e entusiasmo uma poeta viva, recém-descoberta e que voltaria a ser nossa contemporânea. E aconteceu. Maria Lúcia Alvim teve em mãos seu livro impresso, concedeu entrevistas, foi fotografada e rememorou publicamente sua trajetória.

Mas, poucos meses depois, no dia 3 de fevereiro de 2021, lamentavelmente perdemos nossa poeta para a covid-19, em um momento em que já poderíamos estar vacinando os brasileiros. Em novembro do mesmo ano, *Batendo pasto* foi o livro vencedor do Prêmio Jabuti na categoria poesia. Desse modo, no lugar de uma reimpressão da obra, optamos por realizar uma segunda edição, pois seria necessário registrar esses dois acontecimentos e atualizar sua biografia. Fora isso, todo o conteúdo e os paratextos continuam os mesmos, pois os versos e o sabor de sua descoberta felizmente permanecem.

Os percursos de um livro inédito de Maria Lúcia Alvim

Ricardo Domeneck

1. A descoberta do que estava na frente do nariz

Era noite em Berlim quando a mensagem de Guilherme Gontijo Flores chegou, perguntando se eu nalgum momento já escrevera sobre o trabalho de Maria Lúcia Alvim. Acreditava que o poeta e amigo de Curitiba havia se enganado, e estava se referindo à poeta Maria Ângela Alvim, que nos deixara belíssimos poemas de força mística no volume *Superfície* (1950) antes de sua morte prematura, e sobre a qual eu já escrevera um pequeno artigo para a revista *Modo de Usar & Co.*. Mas o colega não se enganara: tinha em mãos o volume *Vivenda (1959–1989)*, sim, de Maria Lúcia Alvim, publicado pela lendária coleção Claro Enigma, dirigida por Augusto Massi na década de 1980 para a Livraria Duas Cidades. Foi assim, numa conversa pelas redes sociais, que nosso périplo em parceria começou pela recuperação crítica do trabalho dessa poeta mineira que o leitor ora tem em mãos. Nova e finalmente.

Alguém deveria estudar a terra de Minas Gerais, talvez os rios que por lá ainda restem, ou quem sabe apenas a terra e a água que se misturaram para formar o barro do filtro de barro de certa casa na cidade de Araxá. Ou apenas a água da qual beberam três poetas brasileiros importantes do pós-guerra, três irmãos: Maria Ângela Alvim (1926–1959), essa nossa Maria Lúcia Alvim (n. 1932) e o mais conhecido entre eles, Francisco Alvim (n. 1938). Os três Alvins de Araxá, como as três mulheres do comercial que seria imortalizado no poema de Manuel Bandeira. Porque logo no início de nossa pesquisa soubemos boquiabertos que sim, aquela casa gerara os três autores.

2. Possíveis razões para os silêncios

A coleção Claro Enigma teve um papel importante na recepção crítica de vários poetas brasileiros que haviam estreado entre as décadas de 1940 e 1960, e que hoje têm sua obra enfeixada em belas edições de poemas reunidos, como José Paulo Paes, Orides Fontela e Sebastião Uchoa Leite. Um par deles viria a ter papel crítico importante nas décadas seguintes, como Paulo Henriques Britto, Duda Machado e o próprio Francisco Alvim, o mais conhecido da família. Outros, no entanto, inclassificáveis e pouco afeitos ao mundo das rodas literárias – como Maria Lúcia Alvim ou o também excelente Ronaldo Brito – teriam na coleção Claro Enigma suas últimas publicações.

São, de qualquer forma, todos poetas que não se encaixavam de forma confortável em uma única trincheira das batalhas duais que ocuparam a atenção crítica naquelas décadas, fosse entre a lealdade à experimentação ou à tradição, como entre o formalismo e o informalismo representados pelos poetas do Grupo Noigandres, das outras neovanguardas brasileiras do pós-guerra como o Grupo Neoconcreto e o da Poesia-Práxis, ou, do outro lado e tão distintos entre si, os autores do Grupo de 45 como do Grupo do Mimeógrafo. Que chance poderia ter um dos poetas que não se aliaram a qualquer desses grupos, suas ideologias estéticas, seus manifestos, e tampouco se enquadravam nos lugares-comuns da crítica que muitas vezes os descrevem para as facilitações dos manuais didáticos?

Muito disso advém de nossa historiografia literária, ciosa de estabelecer escolas e estilos específicos para cada época. Se se elege o anti-lirismo para tal década, caem pelas frinchas, direto para o esquecimento, todos os excelentes poetas líricos do período. Se se prefere a experimentação, são apagados então os que se mantêm fiéis a alguma tradição. E para os que acreditam que a poesia só deve falar ao rés-do-chão do quotidiano, onde fala realmente melhor em certas ocasiões, convém-lhes, portanto, jamais mencionar os místicos, os visionários, os leve ou totalmente doidos, que nos transportam a outros lugares possíveis da fala, da existência nesse globo que tem seu chão duro, empírico, mas também seus mistérios.

Una a isso o desequilíbrio de atenção crítica às tradições poéticas de diversas regiões do país, o racismo estrutural do setor cultural brasileiro – que silencia outros poetas ativos nesse mesmo período, como Adão Ventura e Paulo Colina, a marginalização da escrita de mulheres no cânone, o pavor do não-típico, e eis nossa tragédia cultural contínua, de um país que não se cansa de desperdiçar seus poetas, tantas vezes alguns de seus melhores.

3. A poesia brasileira, baú de espantos escondidos

Pois qual explicação podemos dar para que este *Batendo pasto*, escrito em 1982, seja o primeiro inédito de Maria Lúcia Alvim em quarenta anos?

Como passamos quatro décadas sem o trabalho de uma de nossas excelentes poetas do pós-guerra, com uma obra múltipla, que passa pela tradição do soneto, pela experimentação com a fala do quotidiano, com o minimalismo de seus epigramas, e ainda o caudaloso histórico de tantos poemas daquela obra-prima que é o *Romanceiro de Dona Beja* (1979)? Certamente haverá também questões pessoais da própria poeta, motivos que talvez tenham influído para seu silêncio de tantos anos. Mas é raro que poetas escolham pacificamente o silêncio.

O que sabemos, aqui está: Maria Lúcia Alvim nasceu em Araxá, Minas Gerais, em 1932. Sua estreia em livro veio em 1959, com o livro *XX Sonetos*. Quase dez anos se passaram antes que viessem a lume dois outros livros: *Coração incólume* e *Pose*, ambos em 1968. Entre 1965 e 1975, a autora trabalhou no *Romanceiro de Dona Beja*, um livro único na poesia das últimas décadas, lançado em setembro de 1979 na Livraria Muro, no Rio de Janeiro. Um paralelo raro a outro grande livro da nossa poesia moderna, que parte também de certa tradição tão portuguesa quanto mineira: o *Romanceiro da Inconfidência* (1953) de Cecília Meireles. Apenas um ano mais tarde, Maria Lúcia Alvim lançou *A Rosa Malvada* (1980), sua última publicação de inéditos. Todos esses livros seriam reunidos então no volume *Vivenda (1959–1989)*, o qual, apesar da data, não trazia poemas escritos após o ano de 1980.

4. Relato de uma viagem

Portanto, quarenta anos depois, a publicação desse *Batendo pasto* é um acontecimento e um pequeno milagre nesse ano em que estamos tão necessitados de milagres. E poderia facilmente não ter acontecido. Explico-me. Após a descoberta de seu trabalho, Guilherme Gontijo Flores e eu nos pusemos a buscar informações sobre a poeta. Estava viva? Ainda produzia? Descobrimos que vivia em Juiz de Fora, e para lá me dirigi em fevereiro desse 2020 para encontrá-la. Lá conheci uma mulher forte, ainda que fragilizada pela idade, ciente da qualidade de seu trabalho, mas dizendo que há mais de uma década não escrevia. Conversamos sobre poetas com quem ela mantinha laços de amizade e respeito, como Edimilson de Almeida Pereira e Paulo Henriques Britto, sobre sua vida na metrópole do Rio de Janeiro como na calmaria ensolarada do campo em uma fazenda da família, e, nos últimos anos, na Juiz de Fora pela qual ela não parecia ter especial apreço. No início de março organizamos no Rio de Janeiro uma homenagem a ela, à qual ela pôde comparecer, na Livraria da Travessa em Botafogo. Paulo Henriques Britto, Celia Pedrosa, Rita Isadora Pessoa, Anelise Freitas, Leonardo Marona e eu lemos poemas de *Vivenda*. Em gravação, Guilherme Gontijo Flores leu também um poema, e, em vídeo da Catatau Filmes, estreamos a canção "Relicário negro", de Francisco Bley, sobre o poema do livro *A rosa malvada*.

Foi nessa noite que Paulo Henriques Britto me contou ter em mãos um inédito de Maria Lúcia Alvim, esse *Batendo pasto*. Escrito em 1982 na Fazenda do Pontal em Minas Gerais, o livro vem marcado por um vocabulário do campo, da vida específica que lá se desenrola unindo os ritmos das refeições ao das colheitas, dos seres humanos a outras espécies que com eles habitam tais espaços: vacas, cavalos. Mas o livro não celebra qualquer utilitarismo comercial: tudo é digno, tudo vive e compartilha espaço e seu oxigênio, os morcegos, as galinhas e os pavões, os gatos e as moscas, ou, no Reino Vegetal, tanto o arroz como o capim. Essa é uma das grandes belezas do livro, que marcará a mescla de registros ao longo dos poemas, nos quais a palavra precisa por vezes requer a pobreza, por vezes a riqueza.

Maria Lúcia Alvim confiara a Paulo Henriques Britto o manuscrito de *Batendo pasto* com as instruções de que fosse publicado apenas após a sua morte. É difícil não ler em tal decisão parte da desilusão de uma grande autora que jamais recebeu a atenção que merecia. Portanto, é mais do que hora de acabarmos com esses desperdícios de poetas, com essa espécie de necrofilia que leva tantos autores a receberem atenção apenas por 24 horas nas redes sociais após suas mortes. Então vêm as elegias, as declarações de tristeza perante os maus tratos críticos, o silêncio, a nossa desatenção. Por quê?, alguém poderia perguntar. Minha única resposta é a crença inabalável naquilo que William Carlos Williams descreveu tão bem nos versos: "*It is difficult / to get the news from poems / yet men die miserably every day / for lack / of what is found there.*" [É difícil / obter de poemas as notícias / mas homens morrem miseravelmente todos os dias / por falta / do que ali é encontrado].

É então em nome do fim do desperdício, e por uma vida comunitária menos miserável, que buscamos convencer Maria Lúcia Alvim a confiar sim este livro em vida aos leitores brasileiros, nesse volume que nos alegrou tanto ler e ver agora diagramado e editado tão bonitamente pela Relicário Edições.

5. Compartilhar o oxigênio

E assim Maria Lúcia Alvim volta a ser nossa contemporânea. Será trabalho de biógrafos apontar as veredas pelas quais migrou nesses anos de silêncio. Esperamos que de seu baú de belezas escondidas surjam ainda outras dádivas. Como será recebida? Parece-me claro que a percepção em torno da poesia brasileira transformou-se muito nas duas últimas décadas. Vários poetas líricos de força saíram da sombra, como Roberto Piva e Hilda Hilst, autores que também foram silenciados e desperdiçados por muito tempo. Em termos historiográficos, seu trabalho apresentará os desafios críticos daqueles que não se encaixam em gavetas. Sua estreia com um livro de sonetos se deu em um momento no qual a poesia brasileira era chacoalhada pela Poesia Concreta. Ela retorna ao cenário quando a atenção crítica parecia voltada para o Tropicalismo. E ao publicar um livro sofisticado como o *Romanceiro de Dona Beja*, começava a retornar à cena o humor quotidiano e a linguagem direta do Grupo do Mimeógrafo. Sua poesia exige dos críticos um olhar mais amplo para a produção poética do pós-guerra, para a multiplicidade de estéticas operantes nas últimas décadas. Nessa multiplicidade reside a força das culturas brasileiras resistentes.

Esse *Batendo pasto*, por fim, traz seus próprios desafios. Escrito em 1982, mas só publicado neste ano de 2020, insere-se onde no debate? Essa é sempre a beleza excitante de qualquer livro marcante de poesia: sua flexibilidade histórica, a forma como é, ao mesmo tempo, tanto do momento em que foi composto quanto do momento em que é lido. Seu tortuoso percurso de publicação escancara e revela ainda mais essa elasticidade contextual da grande poesia. É um livro dos anos 80 do século passado e um livro dos anos 20 deste século. Os que acreditam nos desígnios misteriosos do mundo poderão dizer desse *Batendo pasto*: chegou quando dele precisávamos. Fecho os olhos e digo sim. Como escreveu Kierkegaard, a fé é um salto no escuro. E este livro vem marcado por uma força mística incomum entre nós.

Pois há toda uma tradição milenar de evocação de unidade com a vida e seus mistérios na potência lapidar de tantos versos deste livro, como nesses que me marcaram tanto: "ó ser astral / o capim é minha grande reserva interior."

Evoco isso com um interesse particular: propor um possível caminho crítico e historiográfico. Porque esse livro se inseriu também em minha mente no rol de alguns trabalhos específicos daqueles anos, publicados numa década turbulenta. A cultura brasileira oficial tentava se recuperar de anos de estreitamento advindo da perseguição e censura da Ditadura Militar, e a crítica pareceu manter sua atenção naqueles que tiveram seus caminhos transformados e podados pelo Regime, como os Tropicalistas ou os autores que buscaram dar uma resposta política em seus trabalhos para aqueles anos, em especial na prosa, mas também num grande texto poético como o *Poema sujo* (1976), de Ferreira Gullar. Alguns poetas surgidos naquela década têm se afirmado com força no cenário nacional, poetas tão diferentes entre si quanto Paulo Henriques Britto e Edimilson de Almeida Pereira, e a historiografia literária privilegia, ao discutir a década, o trabalho de certos autores ligados ao Grupo do

Mimeógrafo, como Ana Cristina Cesar, ou à contracultura em geral, como Waly Salomão e Paulo Leminski. São todos autores incontornáveis. Mas eu penso aqui em alguns livros que surgiram subterrâneos, trabalhos de maturidade de autores que vinham publicando desde as décadas de 1950 e 1960, muitas vezes ignorados pela grande imprensa. São, para mim, como a grande reserva interior de capim à qual se refere Maria Lúcia Alvim neste livro. Trabalhos que me parecem pequenos milagres de força mística naquela década de hiperinflação e troca-troca de moedas nacionais e Ministros da Fazenda. Livros como *Da morte: odes mínimas* (1980), de Hilda Hilst; *Asmas* (1982), de Ronaldo Brito; *Alba* (1983), de Orides Fontela; *Caminho de Marahu* (1983), de Max Martins; *Assim* (1986), de Leonardo Fróes; ou *O pelicano* (1987), de Adélia Prado. E também *A rosa malvada* (1980), de Maria Lúcia Alvim, assim como este *Batendo pasto*. Ao pensar no que se convenciona ver como a cultura brasileira oficial na década de 80 do século passado, esses livros se me afiguram como pequenos artefatos milagrosos de reserva interior.

Trata-se de uma década particularmente espinhosa para a crítica, e que requer atenção ampla imediata, de olhos abertos, para dar conta também de outras produções que não têm se encaixado na gaveta da época, como a melhor produção naqueles anos de poetas como Adão Ventura, Horácio Costa, Beatriz Nascimento e Paulo Colina. Eu creio que haja valor nessa meditação. E que precisamos urgentemente do que nos ofertaram todos estes poetas, para morrermos menos miseráveis.

Agora, querido leitor, vá bater pasto.

Berlim, julho de 2020

Maria Lúcia Alvim no rol do esquecimento: a vida e a vida da poesia

Guilherme Gontijo Flores

Algumas famílias nos pasmam. Veja esta Alvim: gerou o mais reconhecido, Francisco (1938–), a irmã mais velha Maria Ângela (1926–1959), de circulação mais restrita, e deu à luz também Maria Lúcia Alvim (1932–), essa poeta impressionante, versátil, tesa, pontilhista, de virtuoso domínio técnico (passando pelo haiku à la Guilherme de Almeida, o soneto na melhor estirpe de Jorge de Lima, o rondó renascentista, a sextina enxuta, o verso livre etc.), derivas metafísicas tensas e sutis, a colagem, o poema-piada, o experimento visual etc. Descobri essa poesia um tanto ao acaso, há não muito tempo, para logo perceber que estava, sem dúvida, diante de uma das maiores poetas brasileiras em atividade nos últimos 60 anos, porém muito menos lembrada e editada do que seria de esperar. Com meia dúzia de livros, em geral todos curtos, ela foi capaz de operar um aprofundamento subjetivo que deixa no chão a maior parte da geração de 45 e, ao mesmo tempo, uma fusão entre voz lírica e a construção de personagens variados, tudo isso com um domínio singularíssimo de sonoridades múltiplas (da melopeia camoniana aos ruídos mais nervosos) e o desenvolvimento de imagens e conceitos agudos – coisa um tanto rara nestas terras – que vão construindo uma imagem de afetos tensos, cortantes, contraditórios, que nos dominam e espantam.

Quando li os poemas, fui atrás de mais informações sobre a poeta, porém a sua reunião de poesia, *Vivenda*, publicada pela coleção Claro Enigma em 1989, nos dizia apenas o seguinte: "Nasceu a 4 de outubro de 1932 na cidade mineira de Araxá. Autodidata, abandona a escola para se dedicar exclusivamente à poesia e à pintura. Realiza exposições de artes plásticas e publicou cinco livros de poesia. Atualmente divide seu tempo entre a cidade do Rio de Janeiro e uma fazenda no interior do estado". Fazendo uma pequena pesquisa pessoal, consegui confirmar que Maria Lúcia estava viva e forte em Juiz de Fora, ela, ali reclusa há bons anos, talvez a poeta mais vigorosa dessa família de poetas absurdos. Decidi preparar uma pequena antologia online para tentar revigorar sua imagem e a leitura de sua poesia no comecinho de 2020, por isso fiz a maior compilação online que pude conseguir; afinal, não é possível que estejamos vivendo há mais de 30 anos sem nova edição da poesia de Maria Lúcia Alvim, sem um só poema inédito.

Que desfavor para a língua não seria continuar vivendo sem os *XX Sonetos* (1959) com sabor de Sá de Miranda e Mário de Sá-Carneiro, com sua metafísica de sujeito cindido, sua homenagem à irmã suicida, na peça "XVII"? Que delírio triste não seria viver sem os jogos ágeis pré-leminskianos de *Pose* (1968), e seu modo fotográfico-reflexivo, como em "Mágico desafio"? Que perda de rigor do pensamento não seria restar sem a construção dissonante e cristalina do magistral *Romanceiro de Dona Beja* (1979), que ora tensiona Cabral ("O fim do quilombo do Tengo-Tengo"), ora Cecília ("Rondó da desilusão"), ora Drummond (o sutilíssimo "Lúcida rendição"), para construir talvez o nosso maior poema épico da segunda metade do século XX em chave fragmentária, pelo tom menor da vida nos interiores? Que força de riso não perderíamos sem os pastiches seríssimos e multilíngues de *A rosa malvada* (1980), como aquela série dedicada ao irmão Chico Alvim, ou a pérola de "Num átimo de amor", ou o resultado complexo e refinado que emerge a partir das rimas banais de "Somatização do soneto"? Que sutileza não aprenderíamos sem as potências concretas, entre o sublime e o irônico, de *Coração incólume* (1968), como em "Cartão postal", para ficar num só exemplo? E mais, não podíamos estar há quarenta anos sem poemas novos dessa mulher. Onde o baú, onde o borralho do que ela andou fazendo, se estava viva, sem nos mostrar?

É importante ao menos fazer referência, ainda que rápida, a trabalhos que já foram feitos, porque todo empenho de resgate ou de afirmação da força dessas obras acaba por descobrir uma linha anterior, mesmo que rarefeita. Em primeiro lugar, a antologia *Roteiro da poesia brasileira: anos 50*, organizada por André Seffrin, apresentou poemas de Maria Lúcia Alvim junto com vários outros poetas; houve também uma reedição de *XX Sonetos* publicada em 2011, sem muito alarde, pela editora Bem-te-vi, até segunda ordem o único livro que parece ter sido reeditado, fora a reunião de *Vivenda*, de 1989. Em 2012 Max de Carvalho traduziu o poema "Estância" para a imensa antologia bilíngue publicada na França, *La poésie du Brésil: anthologie du XVIe au XXe siècle*; no mesmo ano, no Brasil, Maria Lúcia Alvim também aparece na antologia *Escritoras de ontem e hoje*. Há ainda alguns trabalhos acadêmicos que se debruçaram sobre os poemas; o mais relevante é a dissertação de Juliana Veloso Mendes de Freitas, *A narrativa histórica na poesia de Maria Lúcia Alvim: Romanceiro de Dona Beja*, de 2015, único exemplar mais alentado de que tomei conhecimento. Porém há também os artigos "Arcanos e exílio na poesia de Ma. L. Alvim e Roberval Pereyra", de Pablo Simpson, publicado em 2004, e "Reflexões sobre o poema XX Sonetos, de Maria Lúcia Alvim", de Sandra Araújo de Lima, que saiu em 2007. Por fim, temos o texto "Maria Lúcia Alvim: o melancólico canto da Juriti", de Kelen Benfenatti Paiva, uma espécie de apresentação da autora na antologia *Escritoras de ontem e hoje*, de 2012. Não consegui encontrar mais nada além disso: melhor que nada, sim, porém muito pouco diante de uma poeta dessas.

Afirmei então e aqui repito: estamos diante de um caso que merece revisão imediata, dessa poesia que, por ter se aproximado muito da Geração de 45, foi de pronto dispensada pelo rolo concretista nos anos 50 e, logo depois, pela demanda do estritamente coloquial dos anos 60–80. Isto não é uma crítica direta aos poetas envolvidos em cada época: por certo, cada um tentava fazer a poesia em que acreditava; porém é um aviso sim contra uma certa preguiça crítica no país, que costuma comprar muito fácil as narrativas estreitas dos embates poéticos em curso, sem abrir a paisagem para as muitas outras vozes. Vejam que continuamos em silêncio quase total sobre as obras de Regina Célia Colônia (há tempos Colônia-Willner), de Paulo Colina, de Adão Ventura e de alguns outros, que seguem com pouca ou nenhuma edição, recebendo poucos estudos e leituras. A perda não é deles, mas nossa, que deixamos a potência da língua funcionar apenas em parte. No caso de Maria Lúcia Alvim, creio que, ao somar tantas frentes diversas e ao mesmo tempo refinadas, a sua poesia é precisamente o que uma recusa da voz única pode oferecer como poética e ética.

Vejo hoje a alegria que isso pôde e pode render: a poesia, quando é de qualidade tremenda e impactante, só precisa de espaço; porque o resto é sua força nas leitoras e leitores, sua potência de troca e reconfiguração do sensível. Penso que Maria Lúcia Alvim só não estava já no centro dos nossos debates sobre poesia feita no Brasil porque foi avessa às rodas da tal vida literária. Resguardada, como outro gênio – dessa vez, Leonardo Fróes

– foi ficando de lado, porque a academia e as rodas dos contemporâneos se voltam, um tanto cega e exageradamente, para as grandes cidades, sobretudo Rio de Janeiro e São Paulo. Para se ter uma ideia, à época não consegui nem uma imagem digital da poeta, e só uns pouquíssimos poemas transcritos na rede, como o que está no site do Antônio Miranda. Ao ver esse trabalho, Ricardo Domeneck imediatamente percebeu o tamanho da perda histórica que foi o obscurecimento dessa poesia, e encampou sem demora uma série de conversas, um evento de homenagem e outros contatos. Felizmente, graças à gentileza de alguns poetas, como Edimilson de Almeida Pereira, Prisca Agustoni, Marília Garcia, Paulo Henriques Britto e outros, pudemos descobrir Maria Lúcia, ver fotos e descobrir este livro inédito, que estava com o Britto e foi transcrito pelo Ricardo.

Batendo pasto é tudo que já havia de versatilidade, vigor e experimento, porém ampliado: é litania delirante e apego à palavra justa a um só tempo, como vemos no alucinante "Litania da Lua e do Pavão", como que fundindo contraditórios. É tradição lírica-amorosa, como em "O amor / soltou do meu corpo" e erótica, como em "Seio".

É um olho arregalado nos experimentos formais das vanguardas urbanas do século XX (estética do fragmento, cortes abruptos, sintaxes fraturadas etc.) e uma imersão de vida no mundo rural, no gosto de suas palavras, nos contornos e contorcionismos desta língua em muitas línguas, como em "A obsessão estalava sobre a trempe", para ficarmos em apenas um exemplo. É também o multilinguismo com inglês e francês, que já havia se talhado nos livros anteriores e aparece desde o primeiro poema aqui. É a metapoesia opaca e provocadora, como em "P o e s i a", a revisita muito singular a Emily Dickinson, como em toda a série "Torrencial", a retomada sempre virtuose dos sonetos ("Eu era assim no dia dos meus anos" é um caso impressionante de simplicidade e sofisticação na antirrima sistemática vinculada aos modos de ser no tempo) e o aforismo certeiro (veja-se o poema "Angelim", com apenas o verso "O carinho é um outro caminho do corpo"). Enfim, o movimento entre o riso, ora desbragado (como em "Íngua" e "Stella"), ora contido e sarcástico, e o pensamento rigoroso ("Era uma tarde frese, empelicada"). Não é nenhum exagero afirmar que *Batendo pasto* reúne e depura o que havia de melhor na poesia dos anos 1980 e que, mesmo inédito por mais de trinta anos, sai agora com a força de um livro escrito na semana passada. Maria Lúcia Alvim está vivíssima, resta um público leitor igualmente vivo.

aos meus cincoenta anos
nas águas de Scorpio.

para Zé Pavão, tecelão do meu Destino.

"Il m'y promena comme au Paradis."
Goethe

A dança da carranquinha
É uma dança estrangulada
Que põe o joelho em terra
Faz a gente ficar danada

Cantiga de roda

êxtase

Pousa

ó pombo

que me conheces a fundo!

Speak to me

Stay with me

Speak

Umbigo de bananeira

os lábios dela

por onde nasci

Ladeada de lágrimas

espargindo seu nome

depositei sobre o túmulo

uma a uma

Mon coeur s'ouvre a ta voix

tarântula

recrocita a solidão

estrelas, como nunca.

Vala Volúpia

D a l i l a

Morcegos são filhos indesejados da noite

Eu os incito

fluxo e refluxo

Pendurados

na parte mais alta do meu coração

Manhã sem rusga

pequeno depósito de agrura na poça

exorbitei de alegria

a abóbada celeste não dá vazão

silos de silêncio

ó ser astral

o capim é minha grande reserva interior

a esperança

desleixo

Curral

é onde o real

passa por cima

Sagrada rotina

a ti me arrocho

Desatinar é um solipsismo

tosco

Me empolga lembrar no escuro!

Fiz menção

de ajoujar a dor

aparatos da paixão

quero mais

altos padrões da cólera

mais mais

a eternidade, com seu ar velado,

estrugia

redobro as abas do corpo

glande

Amoitado em meu corpo

o amor

quente quente

flor de marianeira

a sofrear

bolor

Figueira-brava

provei tua doçura

morácea

tuas flores invisíveis encerradas em

receptáculo carnoso

alvacentas

diáfanas

tua pele castanho-violácea

vermelho-carmesim

a tua polpa

Figueira-mansa

escamosa

solitária

tenho as costas perfuradas por dois olhos

minhas artérias pubescentes

pulsaram no batismo do teu nome

árvore-corpo

pojando

Meus olhos são como dois bacorinhos

feridos de morte

Onda de capim-gordura

vem do vento

espaventando as seriemas

Língua

clystère d'extases

Traulitada

as tuas mãos

Passei o dia engambelando meu corpo

de cá p'ra lá

de lá p'ra cá

Ensopei três sentimentos berrantes

gabolice

Chispa, chocalho

no frege das ferraduras

Bacurau

feito eu

foste solapando o tempo

— Amanhã eu vou…

— Amanhã eu vou…

O amor

soltou do meu corpo

como o tamoeiro da canga

desgovernou

todo um tempo

de amanho

É tarde carícia

a gota de orvalho

susta na folha

o armistício

Magia tuas setas

cepo   sebe

tarde cruciante como um xale

tisnada

impunemente

O amor

do galo e da galinha

ele

bélico

ela

abúlica

Imolava palavras para te encantar

tunda cabriola carapiá

Estão cheias de leite

pétreas reses

Galli-Curci

gororoba

Creio piamente em teu amor, monsenhor

Aquele que um dia fará o meu caixão

de antemão tem as medidas:

                            menina-carapina

                  surrupiando

Viu crescer, prometer, viu sazonar.

Quando o roxo dos ipês configurou-se

                               no horizonte

  aquele que fará o meu caixão

numa cestinha depôs amor

e morte

Lasca por lasca

fava por fava

fui pedindo, fui rasgando, fui doando

lóbulo mindinho

esses rajados de pele, esses crestados

o estalido da cabiúna

O galo alvorescente

dourou

P o e s i a

un sourire et un regard figés

— Nestas paragens os recursos do medo

são tão escassos!

ferroa ferroa

Inverno

encafifada

engrouvinhada

à poeira peço referências

Orfandade:

escalpela!

Pleitear o Mistério me deixou desfigurada.

— Ninguém viu, tiziu.

coluna

Era uma tarde frese, empelicada.
Eu vinha fria e fétida, mas vinha.
Não tinha resto meu, se tudo eu tinha
Não era nome ou rosto, de onde eu vinha.

Ele me viu da branca paliçada
E veio ao meu encontro, já que eu vinha
Na mesma direção, pois que não tinha
Nenhuma outra saída, de onde eu vinha.

Paramos sobre a ponte. Promulgada
Intimava os atalhos, mais não tinha.
Ele cercava o fogo até o cerne.

E fui ganhando brilho, por um nada.
Sem que nunca soubesse de onde vinha
A ressurgir no tempo em minha carne.

mímese

Tenho um sinal de nascença

O coração não condiz

Esquartelado em ouro

Cinco flores de lis

Xadrezado em vermelho

Cala mas não consente

Quatro em fora

Quatro em pala

O timbre em leão

O sexo em sautor

Armas na mão

Sou coruscável

Não quero dominar a natureza.

Na colheita do arroz eu faço anos.

Fui mordida de cobra assim no limpo.

Dos poentes farei meus aliados.

Das tempestades minha camarilha.

A obsessão estalava sobre a trempe.

Amiúde, trocávamos o cueiro

da vermelhinha, minha predileta.

Encher a carretilha, não me chame.

Difícil combinar as duas vezes.

Surrei a tiririca inconspícua.

Considerei São Jorge e seu cavalo.

Dei uns passos de verme nas estrias.

Vou remando, avoada, vou luxando.

Joguei na Fugitiva. No Cardume.

Candiar é questão de afinamento.

Só daqui é que vejo a cachoeira.

torrencial

Caçador de Primaveras

Tenho Indulgência Plenária

Empírica sobre a Terra

Capinada   Cavucada

Tu és minha Natureza

A Rodo no Pensamento

És a Verdade Suprema

À Hora do Sentimento

Fonte Trêfega e Profana

Altura Verde do Vento

Dentre Vós Desapareço

Ó Dama do Cheiro Forte

Abrevie Este Semblante

Estes Calores Noturnos

Borboleta   Panarício

Miasmas da Menopausa

Puxam Muito pelo Bem

Pela Chegada das Águas

cinco sonetos encapuchados

I.	do usufruto
II.	cantiga de roda
III.	de Clarice
IV.	do balaio de gato
V.	do gato Lohengrin

Este soneto é em usufruto
das palavras que aqui vou perpetrar.
O fruto se retalha, dissoluto.
Palavras criam corpo no lugar.

Corre os olhos num rasgo de Absoluto.
Repare nesta folha, circular.
Nesse gomo roliço, diminuto.
Na pedra corriqueira, a ressudar.

Assim o Coração, pão de minuto.
Aquilo que na moita irá grassar.
Amor pardinho, virá o dia curto.

O Bem virá depois, para ficar.
Ao contrair o Sol, zarpo de bruto:
Meeira, me aboleto, sabiar.

Eu era assim no dia dos meus anos
E quando me casei, eu era assim
Eu era assim na roda dos enganos
E quando me apartei, eu era assim

Eu era assim caçula dos arcanos
E quando me sovei, eu era assim
Eu era assim na voz dos minuanos
E pela primavera, eu era assim

Enquanto fui viúva, eu era assim
Enquanto fui vadia, eu era assim
E pela cor furtiva, eu era assim

No amor que tu me deste, eu era assim
E trás da lua cheia, eu era assim
E quando fui caveira, eu era assim

Em Clarice, o humano era disfarce
para o bicho que nela dormitava.
À guisa de dublar-se. A esquivar-se.
Crivada de aderências, como o cáctus.

Fosse Simptar, a célula que implode.
Talvez Amptala, como quem ilude.
(Mas em Aperibé dei com seu rosto
de argamassa: – e era puro Nolde!)

Uma gata lambendo sua cria
é toda compaixão – cada palavra
percebe o seu quinhão, anda à deriva.

Assim: esboroar. Chega-te, Deus:
pela via do corpo, tergiverso.
Baldado o coração, que bate em cheio.

O balaio de gato era forrado
de chita bem ralinha, esbranquiçada.
Estranho, repensava: este chitado
me lembra alguma coisa já passada.

Talvez fosse a menina, amiudada,
nas dobras de uma sombra. O chuleado
de sua sobrancelha. Ou a risada
do bibelô chinês, desobstinado.

Estampas abusivas do pecado!
O gato no borralho, a mosquitada,
esse tremor de folha e cortinado.

Há um dedo de mentira no riscado
do tempo, um arremedo, uma laçada:
a chita do balaio é o passado.

Meu gato Lohengrin   branco peludo
Meu tacto de cetim   –seins aux fleurs rouges–
Meu talo de jasmim   hausto e hálito
Meu pulo no capim   meu chaperon

Meu gato curumim   solo de flauta
Meu friso de marfim   meu incunábulo
Meu Rideau Cramoisi   meu quadrilátero
Meu súplice   meu sáfico   meu súcubo

Meu gato galarim   alma e aprisco
Meu óbice   meu trâmite   meu álibi
Meu Objeto Letal   meu Objurgado

Meu gato   meu Cão   meu Turno Noturno
Meu quarto de cal   meu Magnificat
— Quem te comeu foi Deus, não foi, meu gato?

litania da lua e do pavão

Piedade lua
De castidade

Luva de Ismália
Chapéu de palha

Olho propina
Escarlatina

Primopolia
Do todavia

Tu mastodonte
Anacreonte

És usufruto
Do eterno luto

Sua Alteza
Da morbidezza

Rola-divã
Na telha vã

Catatonia
Aerofagia

Ó impromptu
Do déjà vu

Tu subalterna
Tu baliverna

Fula bruaca
Urucubaca

Bóia baiúca
Da paranoia

Minha caminha
Nodo coisinha

De déu em déu
Laudamus Te

— Pavão Pavão
Aparição!

— Ó trapizonga
Ó Songa-Monga!

— Pomo-de-adão
Flor de algodão!

— Tu segureira
Ensurtadeira!

— Chave de engenho
Venho não venho!

— Grampo grampeia
Parede meia!

— Foice carinho
Pá pergaminho!

— Chi lagartixa
Espicha espicha!

— Acha da insônia
Sem parcimônia!

— Roda moinho
Devagarinho!

— Alaribá
Me dá me dá!

— Galhofa tralha
Ralha pirralha!

— Torno de lua
Turno tão nua!

— Fio do prumo
Senha do sumo!

— Ó serraria
Havia havia!

Lua me alenta
Fuça me atenta

Língua de vaca
Euparistaka

Unha de boi
Que foi que foi

Arranha gato
Que desacato

Erva de coelho
Dobra o joelho

Ó fruta pão
Senta no chão

Cipó caboclo
Nomenclatura

Ó jurubeba
Ó derrubada

Taca arataca
Chué maritaca

Oi barbicacho
Ó chocadeira

Tu cabeçalho
Mete no malho

Santo celeiro
Durmo primeiro

Ó viuvinha
Faz cadeirinha

Carumirim
É o fim é o fim

Todos os males
Imolamus Te

Loca de luna
Itaperuna

Ó ziquizira
Ó pomba-gira

Trinca de ases
Em Cataguases

Lava na tina
Leopoldina

Finta quem falta
Cruza Cruz Alta

Xinga catinga
Pirapetinga

Dó ré lá si
Ri Miraí

Pesca piranha
Em Mar de Espanha

Meu leopardo
Tu Rio Pardo

Sapeca o Olimpo
De Campo Limpo

Ó mal do monte
Sobe Trimonte

Incongruência
Da Providência

Laço de fita
Laça Girita

Estrela D'Alva
Só sã e salva

Gambá gambá
Tenderepá

Pira pavão
Muda de tom

Lua de Isolda
Tora Tristão

Pavão real
Bate Pontal:

— Serra serrote
Bunda barrote

— Formão de goiva
Entalhanoiva

— Tu pontalete
Recalcitrante

— Ó alavanca
Tranca retranca

— Caibro macete
Cãibra fagote

— Ó pé-de-cabra
Abracadabra

— Trado mixórdia
Mixa rapsódia

— Plaina pamonha
Broca bisonha

— Mancal mancal
Genho de pau

— Tu mão de Judas
Capeba arruda

— Ó braçadeira
Fungo frieira

— Psiu esmeril
Ainsi-soit-il

Lua voyeuse
Exáudi nos —

A cor é mística
Coeli corusca —

Palavra física
Ab ira tua —

Ó Chatanooga
Ó longitudine —

In via Sion
Pa ra ti bum —

Lua crescente
Crescat in nobis —

Véu da barriga
Verúmtamen —

Tu celibate
Inviolata —

És filha única
Turris ebúrnea —

Encanzinada
Et obumbrábit —

Laranja lima
Et mane prima —

Zircão Mateus
Et clamor meus —

Ralentissez
Electa me —

Ó Aridede
Misericordiae —

Varge-vacorum
Per soeculorum —

Luna Pavuna
Muda pavana

Chicocheteia
Espavoneia

Empavonada
Pavoneada

— Lua minguante
Mirabolante

— As ameaças
São carapaças

— Agora donde
Esconde-esconde

— Chucha cavilha
Tacha manilha

— Tulha diacho
Funcho fogacho

— Branca hortaliça
Priora hóstia

— Tu repolhuda
Tu batatuda

— Baga bugalho
Chipe ato falho

— Ó menininha
Mãe ó maninha

— Ó trem da treva
Leva me leva

— Batendo cílios
Como as estrelas

Pela tardinha
Subo p'ro pasto

Sozinha

balaio de gato

CONTRAVOLTA

Vagalume

Troquei de idade aos olhos do verde

ANGELIM

O carinho é um outro caminho do corpo

ARCO DE JENIPAPO

Portão

rojão do tempo

SEIO

Rodeia a rodela do símbolo

LAMBUJEM

Meninos, bati

Madame Bovary

LETARGIA

Num vu

A varejeira

Ventilou

SUCANGA

O pensamento é um tira-pôr

ÍNGUA

A cobra me viu

Não vi a cobra

BAIXIO

Mil vezes

esgotar córrego

VENTO VIRADO

Nervos amotinados

Cortei uma franja

STELLA

Ai, que desperdício de dor!

NESTE NATAL

Beethoven

Variações Diabelli

Friedrich Gulda

Coração

Allegro comodo

Larguetto

Allegro affetuoso

ANO NOVO

Mexendo angu

Ouvindo estrelas

Poux

  Caillou

    Hibou

Poaia

FEIXE

Descambei

Para o bambu

CERRAÇÃO

Os três porquinhos

Ficarão para semente

ARROIO

Trazia o coração numa tipoia

Era de somenos

DRUMMONDIANA

A hora H existe?

LARGO DA IDEIA

O sentimento é um antro

FOLHA SANTA

No rol do esquecimento

LOGRADOURO

Forrei o estômago

Meia viagem

Um poema de Maria Lúcia Alvim

Paulo Henriques Britto[1]

> Meus olhos são como dois bacorinhos
> feridos de morte

Esse poema notável, de apenas dois versos, faz parte do livro *Batendo pasto*, que Maria Lúcia Alvim concluiu no final do século passado, mas cuja publicação vem até hoje, caprichosamente, adiando. Dentro do contexto maior do livro, que – como indica o título – é uma espécie de égloga moderna, o poema poderia ganhar uma leitura mais rica; mas como a obra permanece inédita, somos obrigados a lê-lo tal como se apresenta nesta página, fora de contexto, desprovido de título, em estado de nudez radical, por assim dizer. Tentemos esse exercício de leitura, visando descobrir de que modo um texto é capaz de lograr, com tanta economia de meios, tamanho impacto poético.

"Meus olhos" é um poema em dois versos que consiste num único período sintático e que enuncia

1 Nota da editora: Este texto de Paulo Henriques Britto data de 2014 e o texto de orelha data de 1991.

um único símile – isto é, uma comparação explícita. O primeiro termo do símile é "meus olhos", e o segundo é "dois bacorinhos feridos de morte". "Bacorinho", informa-nos o dicionário, é diminutivo de "bácoro", que significa "porco jovem". O símile surpreende por vários motivos. O primeiro deles talvez seja o possessivo "meus": espera-se de uma poeta que ela compare não os seus próprios olhos, e sim os de um outro alguém, a alguma coisa. Outro motivo, mais importante, é também uma quebra de expectativa, desta vez quanto à relação entre os dois termos da comparação. Sendo o primeiro termo "olhos", a expectativa é de que o segundo seja algo de menos corpóreo, ou mesmo abstrato: os olhos costumam ser comparados a corpos celestes, a pedras preciosas, a fulgurações. Mesmo quando tal equiparação é negada, como faz Shakespeare no soneto 130, "My mistress' eyes are nothing like the sun", a comparação é implícita: se o eu lírico faz questão de afirmar que os olhos da amada nada têm em comum com o sol, só pode ser porque outros poetas já afirmaram que os olhos de suas amadas assemelham-se ao sol. No poema de Maria Lúcia Alvim, porém, o segundo termo do símile é "dois bacorinhos" – ou seja, dois seres que são, de certo modo, até "mais corpóreos" que um par de olhos, já que os olhos constituem uma parte do corpo que de algum modo parece descolar-se do que há de concreto, de orgânico, num ser humano, aproximando-se do "espiritual". Mais ainda: como nos diz o segundo verso, esses bacorinhos, esses porcos ainda jovens, são animais "feridos de morte", uma circunstância que ressalta ainda mais sua corporeidade; o corte de verso se interpõe entre os bacorinhos e a sua condição de seres moribundos, como se para criar um certo suspense e intensificar o efeito surpresa. A palavra "feridos" evoca, além disso, uma imagem inesperada, incongruente: o sangue e a cor vermelha não costumam ser associados aos olhos, os quais são rotineiramente atrelados às lágrimas, que são incolores. Ao mesmo tempo, porém, a imagem não é de todo inapropriada: afinal, um ser ferido de morte também chora, além de sangrar. Também é relevante nesse contexto algo que mesmo aqueles que não têm qualquer vivência rural sabem de ouvir dizer: que o porco, quando ferido de morte, emite sons que são perturbadoramente semelhantes aos gritos de um ser humano em igual situação. Ora, se gritam como pessoas, não haverão de chorar também? Há ainda mais aspectos da comparação que causam mal-estar. Os animais feridos de morte aqui não são porcos e sim bácoros, filhotes de porcos ainda bem tenros – é o que o sufixo diminutivo parece exprimir. A ideia de dois filhotes serem feridos de morte parece um requinte de crueldade. Por que matar dois porcos tão jovens, quando o normal seria esperar que crescessem e engordassem até serem abatidos? Outro dado perturbador é a própria associação entre os olhos, os órgãos mais frágeis do corpo, e a imagem – apenas implícita – de uma lâmina afiada. Por fim, o último elemento de estranheza reside no caráter sumário do poema, na ausência de explicações ulteriores. Por que motivo os olhos do eu lírico haveriam de ser como dois porquinhos que acabam de receber o golpe fatal? A comparação nos é proposta sem qualquer explicação ou justificativa (que poderia, é bem verdade, de algum modo ser indicada se lêssemos o poema no contexto maior do livro).

Mas um poema não se reduz a uma sentença, uma proposição, uma sequência de imagens: é também, e acima de tudo, um objeto sonoro. Vejamos algumas propriedades desse objeto sonoro, a começar pelo ritmo. Uma escansão de

"Meus olhos" nos dá o seguinte:[2]

Meus olhos são como dois bacorinhos	- / - - \ - / - - / -	2-(5)-7-10
feridos de morte	- / - - / -	2-5

Temos, pois, dois versos, um decassílabo de acentuação irregular e um pentassílabo. No primeiro verso, marquei um acento secundário na primeira sílaba de "como", mas também seria razoável deslocá-lo para "são"; de qualquer modo, o primário teria de ficar na sétima sílaba, "dois". O ritmo é de corte ternário, mas o primeiro verso – se posicionarmos o acento secundário na quinta sílaba, minha leitura preferida – começa agrupando as sílabas em dois anfíbracos (ou seja, duas ocorrências da célula métrica - / -); a partir desse ponto, os acentos formam um desenho dactílico (/ - -) que continua no segundo verso, o qual termina com um dáctilo em que falta o segundo tempo fraco. Dispondo as marcações acentuais de modo linear, temos, pois:

2 O símbolo – representa uma sílaba átona; /, uma sílaba com acento primário; \, uma sílaba com acento secundário. Na coluna da direita, os números indicam a posição das sílabas acentuadas no verso; um número entre parênteses representa um acento secundário.

RITMO ANFIBRÁQUICO ¦ RITMO DACTÍLICO

- / - - \ - ¦ / - - / - - / - - / -

Meus olhos são como dois bacorinhos feridos de morte

A mudança de ritmo se dá justamente na passagem do primeiro termo da comparação – "meus olhos" – para o segundo – "dois bacorinhos". A antecipação inesperada da tonicidade em "dois", sílaba que aparece um tempo mais cedo do que seria de se esperar se fosse mantido o ritmo anfibráquico do primeiro verso, parece corresponder ao inusitado da comparação que será feita daí em diante.

O deslocamento do secundário para "são" apenas antecipa a fronteira entre as duas regiões rítmicas:

RITMO ANFIBRÁQUICO ¦ RITMO DACTÍLICO

- / - ¦ \ - - / - - / - - / - - / -

Meus olhos são como dois bacorinhos feridos de morte

Mas não é apenas a distribuição de tônicas e átonas que vai caracterizar o ritmo do poema. Parece ter relevância também a natureza das vogais que recebem acento (e agora levaremos em conta apenas a leitura com o secundário em "como" – a análise que se segue servindo, creio eu, para justificar minha preferência por esta alternativa):

Meus olhos são como dois bacorinhos
feridos de morte

A sequência de vogais acentuadas é /ɔ/-/o/-/o/-/i/-/i/-/ɔ/. Começa com *o* aberto, passa sucessivamente por duas ocorrências de *o* fechado e duas de *i*, para terminar, tal como se iniciou, com *o* aberto. Nessa configuração, destacam-se a circularidade da sequência – /ɔ/ é ponto de partida e também de chegada – e a presença de três pares de vogais: um abrindo e fechando a sequência, os outros dois em posição medial, estes reproduzindo no plano sonoro a presença, no plano da imagem e no do sentido, de dois pares: olhos e bacorinhos. Por fim, não há como deixar de associar a dupla ocorrência de /i/ – reforçada pela repetição da consoante que abre as sílabas, /ɾ/ (*r* brando) – aos dois guinchos que seriam emitidos pelos dois animais agonizantes.

Temos aqui, portanto, uma forte integração entre os planos do sentido e do som. O ritmo, ao mesmo tempo que dá unidade ao todo, também o divide em duas partes: pois se, de um lado, todo o poema se compõe de células métricas ternárias, por outro há uma mudança de ritmo – de - / - para / - - – na passagem do primeiro para o segundo termo da comparação. A sequência de vogais tônicas, por sua vez, forma um círculo completo, que inicia e termina com o mesmo som, passando por dois outros pares de sons iguais; temos aqui uma estrutura de dois pares que reflete, no plano sonoro, o que se passa no plano do sentido e da imagem – dois pares de seres que, emparelhados, formam um outro par: a estrutura dupla do símile.

É famosa a fórmula definidora de poesia proposta por Ezra Pound: "Dichten = condensare".[3] A poesia de Maria Lúcia Alvim – conhecida sobretudo por sua produção de sonetos, iniciada com seu livro de estreia, *XX sonetos* (1959) – não costuma ser pensada em termos de concisão e condensação. No entanto, não é difícil encontrar outros exemplos de economia verbal em sua extensa obra, já a partir de seu segundo livro, *Coração incólume* (1968). "Meus olhos", fruto da maturidade, é apenas um exemplo particularmente radical – e feliz – desse aspecto menos evidente de seu talento: concisão,

3 "Poetar = condensar". Pound, *ABC of reading*. Londres: Faber and Faber, 1983, p. 36.

aproveitamento total dos recursos fonológicos, sintático-semânticos, imagéticos e prosódicos do texto, de modo que os efeitos que ocorrem num plano venham reforçar os que se dão no outro. O resultado é um poema cuja força provém do grau extremo de coesão atingido.

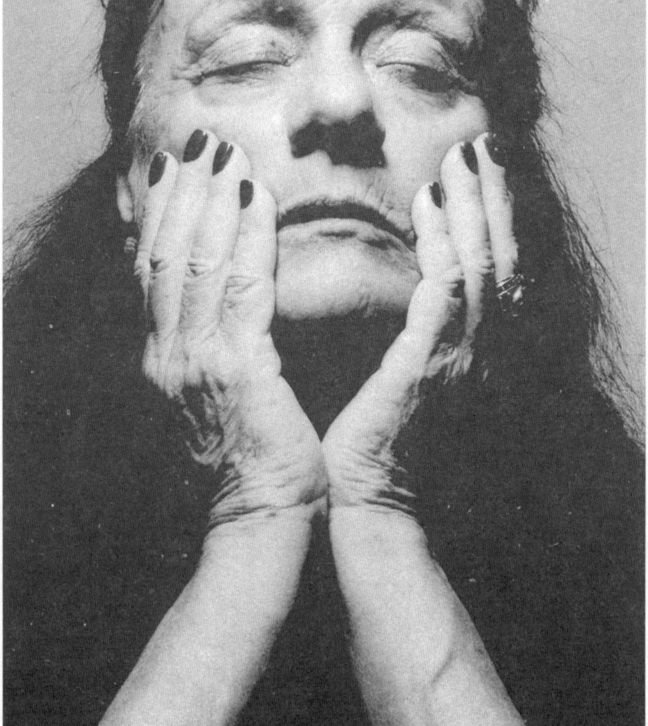

Sobre a autora

Maria Lúcia Alvim nasceu em Araxá, Minas Gerais, em 1932. Até os anos de 1980 publicou 5 livros de poemas: *XX Sonetos* (1959), *Coração incólume* (1968), *Pose* (1968), *Romanceiro de Dona Beja* (1979) e *A rosa malvada* (1980). Em 1989, estes cinco livros foram reunidos em um único volume, *Vivenda (1959–1989)*, como parte da lendária Coleção Claro Enigma (Editora e Livraria Duas Cidades). Este *Batendo pasto,* de 1982 e inédito até então, vem quebrar quase 40 anos de ausência na cena editorial brasileira. Meses após seu lançamento, Maria Lúcia Alvim faleceu em Juiz de Fora, aos 88 anos, no dia 3 de fevereiro de 2021. Em novembro de 2021, *Batendo pasto* ganhou o prêmio Jabuti – o mais tradicional prêmio literário do Brasil – na categoria poesia.

Nos paratextos desta edição, respeitou-se o novo Acordo Ortográfico da Língua Portuguesa, em vigor no Brasil desde 2009.

Dados Internacionais de Catalogação na Publicação (CIP)
Bibliotecário Vagner Rodolfo da Silva – CRB 8/9410

A475b
Alvim, Maria Lúcia
Batendo pasto / Maria Lúcia Alvim. —
2. ed. — Belo Horizonte, MG : Relicário, 2022.
144 p. ; 13,5cm x 20,5cm.

ISBN 978 65 89889 36 6

1. Literatura brasileira. 2. Poesia. I. Título

2020–1390 CDD 869.1 CDU 821.134.3(81)-1

Coordenação editorial Maíra Nassif
Transcrição do manuscrito Ricardo Domeneck
Revisão dos paratextos Lucas Morais
Revisão dos poemas Maíra Nassif, Ricardo Domeneck e Guilherme Gontijo Flores
Projeto gráfico e diagramação Caroline Gischewski
Desenhos da capa David Schiesser
Fotografia de Maria Lúcia Alvim Sebastião Rocha Reis (Pury)

RELICÁRIO EDIÇÕES
Rua Machado, 155, casa 1 - Floresta
Belo Horizonte - MG | 31110-080

contato@relicarioedicoes.com | www.relicarioedicoes.com
/relicarioedicoes | /relicario.edicoes

2ª edição [2022]

Esta obra foi composta em ITC Caslon 224
sobre papel Pólen Bold 90 g/m², para a Relicário Edições.